Thomas Piketty (Clichy, Francia, 1971) es jefe de estudios en la École des Hautes Études en Sciences Sociales de París y profesor en la École d'Économie de París. Entre sus libros destaca *El capital en el siglo XXI*, traducido a cuarenta lenguas y con más de 2,5 millones de ejemplares vendidos. En Anagrama ha publicado *La economía de las desigualdades* y *La crisis del capital en el siglo XXI*.

Naturaleza, cultura y desigualdades
Una perspectiva comparada e histórica
Síntesis de sus investigaciones sobre las desigualdades económicas, este certero texto de Thomas Piketty analiza cuestiones como la educación, la herencia, la fiscalidad y la persistente brecha de género, a la vez que subraya la necesidad de reducir drásticamente los desequilibrios Norte-Sur como condición para luchar contra el calentamiento global. Frente a la desesperanza y el conformismo, el autor nos recuerda que el camino hacia la igualdad se ha construido siempre sobre las luchas políticas y sociales.

Naturaleza, cultura y desigualdades

Thomas Piketty

Naturaleza, cultura y desigualdades

Una perspectiva comparada e histórica

Traducción
Daniel Fuentes Castro

editorial anagrama

Título de la edición original:
Nature, culture et inégalités. Une perspective comparative et historique
Société d'ethnologie
Nanterre, 2023

Primera edición: octubre 2023

Diseño de la colección: lookatcia.com

© De la traducción, Daniel Fuentes Castro, 2023

© Société d'ethnologie, 2023

© EDITORIAL ANAGRAMA, S. A., 2023
    Pau Claris, 172
    08037 Barcelona

ISBN: 978-84-339-1119-3
Depósito legal: B. 11498-2023

Printed in Spain

Liberdúplex, S. L. U., ctra. BV 2249, km 7,4 - Polígono Torrentfondo
08791 Sant Llorenç d'Hortons

¿Existen desigualdades naturales?
El largo camino hacia la igualdad

Los regímenes desigualitarios –es decir, la estructura y el nivel de las desigualdades socioeconómicas en las distintas sociedades, y su evolución a lo largo del tiempo– son extraordinariamente diversos.[1] La historia y las diferentes culturas humanas desempeñan un papel central en la comprensión de este fenómeno. Las desigualdades están vinculadas a trayectorias socioeconómicas, políticas, culturales, civilizatorias o religiosas muy distintas. Es la cultura en sentido amplio –y, quizá incluso más que la cultura, las movilizaciones políticas colectivas– lo que contribuye a expli-

1. Este texto es la transcripción de una conferencia pronunciada el 18 de marzo de 2022 en el Musée du quai Branly-Jacques Chirac por invitación de la Société d'ethnologie.

car la diversidad, el nivel y la estructura de las desigualdades sociales observadas. En sentido opuesto, el peso de los factores calificados como «naturales» (el talento individual, la dotación de recursos naturales y otros factores de ese tipo) es relativamente limitado.

El ejemplo de Suecia, considerado uno de los países más igualitarios del mundo, es interesante en ese sentido. Algunos han querido atribuirlo a características atemporales del país, a una cultura que tendría una inclinación «natural» por la igualdad. En realidad, Suecia ha sido durante mucho tiempo uno de los países más desigualitarios de Europa, con una sofisticación impresionante en la organización política de su desigualdad. La situación se transformó muy rápidamente durante el segundo tercio del siglo XX mediante la movilización política y social, tras la llegada al poder del Partido Socialdemócrata Sueco a principios de la década de 1930. El Partido Socialdemócrata Sueco, que gobernó posteriormente durante medio siglo, puso la capacidad del Estado sueco al servicio de un proyecto político completamente distinto del anterior.

Suecia es un caso interesante para vacunarse contra la idea del determinismo a largo plazo, que estaría vinculado a factores naturales o incluso culturales, que explicarían por qué algunas sociedades son eternamente igualitarias y otras (por ejemplo, la India) eternamente desigualitarias. Las construcciones sociales y políticas pueden cambiar, y a veces mucho más rápido de lo que imaginan los observadores coetáneos: en especial los ganadores del sistema, los grupos dominantes que, como es obvio, tienden a naturalizar las desigualdades, a presentarlas como inmutables y a advertir contra cualquier cambio que pueda amenazar la placentera armonía existente. La realidad es mucho más cambiante, está en perpetua reconstrucción y es fruto de equilibrios de poder, compromisos institucionales y ramificaciones inacabadas.

En todo caso, más allá de la gran diversidad de regímenes desigualitarios, lo cierto es que en los últimos siglos se observa un movimiento de fondo: una tendencia hacia una mayor igualdad social. Se trata sin duda de una etapa contextualizada históricamente, que no comienza en el Neolítico ni en la Edad Media, por ejemplo, sino que forma parte de una historia muy particular que se inicia en 1789 –o digamos a finales del siglo XVIII– y con-

duce a una mayor igualdad política y socio-
económica.

Esta tendencia hacia una mayor igualdad, acotada, es un proceso vacilante y caótico en el que el conflicto social desempeña un papel determinante, y que, además, introduce diná- micas de aprendizaje colectivo. En *Capital e ideología* (2019), hice hincapié en el tema del aprendizaje colectivo de instituciones justas, en particular en el caso de las fronteras: ¿cuál es el perímetro de la comunidad a la que cada uno pertenece? ¿Cuál es la manera de organi- zar el poder político, el régimen político, den- tro de esa comunidad? Lo mismo ocurre con la propiedad: ¿cuáles son las reglas colectivas que definen los límites y el alcance del dere- cho a la propiedad? ¿Qué tenemos derecho a poseer? ¿Qué significa ser propietario?

En torno a estas dos cuestiones centrales –las fronteras y la propiedad– tienen lugar con- flictos y movimientos en los que cada país intenta aprender de su propio pasado, pero olvidando demasiado a menudo el pasado de los demás. Todos los países experimentan procesos de aprendizaje que, a largo plazo, tienden a conducir a una mayor igualdad, aun- que sea de forma vacilante y aunque la tendencia esté jalonada por múltiples fases de regresión.

Por último, además de la diversidad de regímenes desigualitarios y de las limitaciones de los avances hacia la igualdad, no debemos olvidar un tipo de relación entre naturaleza, cultura y desigualdad que me gustaría cuestionar aquí y con el que concluiré este texto: la destrucción de la naturaleza, la biodiversidad, el calentamiento global y las emisiones de carbono. En las próximas décadas, será una cuestión que desempeñará un papel cada vez más central. Tal vez conduzca a una necesidad de igualdad aún mayor que la que hemos visto recientemente: no habrá salida al calentamiento global, no habrá reconciliación posible entre el ser humano y la naturaleza, sin una reducción drástica de las desigualdades y sin un nuevo sistema económico, radicalmente diferente al capitalismo actual. Para describir ese sistema utilizo las palabras «socialismo participativo, democrático y ecológico», aunque por supuesto pueden considerarse otras –y sin duda se inventarán nuevas–. En cualquier caso, creo que es imperativo, si queremos hacer frente a esos retos, reabrir el debate sobre el cambio del sistema económico y sobre su evolución a largo plazo.

La evolución de la desigualdad
y los regímenes desigualitarios

Los elementos que presento a continuación proceden, en parte, de *Una breve historia de la igualdad*, libro publicado en 2021 y, en parte, de la World Inequality Database (base de datos a partir de la cual se ha elaborado el *Informe sobre la desigualdad global 2022*).[1] La World Inequality Database es un esfuerzo colectivo basado en el trabajo de más de un centenar de investigadores internacionales, y que ha permitido recopilar datos históricos que arrojan luz sobre la evolución de la distribución de la renta y de la riqueza en largos periodos, a veces de más de tres siglos.

El ámbito de investigación sobre las desigualdades tiene en sí mismo una larga historia, y yo no hago más que dar continuidad a trabajos que vienen de lejos. Podría citar a Fernand Braudel, Ernest Labrousse, Adeline Daumard, François Simiand, Christian Baudelot, Gilles Postel-Vinay y muchos otros. Existe una gran tradición francesa de historiadores, so-

1. Disponible en https://wir2022.wid.world/www-site/uploads/2021/12/Summary_WorldInequalityReport2022_Spanish.pdf

ciólogos y economistas que, desde principios del siglo xx, han intentado recopilar datos sobre salarios, ingresos, beneficios, propiedades y sucesiones. Tuve la suerte de empezar a trabajar en un momento en que la digitalización de esos datos facilitaba mucho la acumulación de conocimiento. Es justo eso lo que llama la atención cuando se relee la obra de Labrousse o de Daumard: la operación de recogida de datos se hacía a mano y a menudo no dejaba tiempo para nada más. Había que obtener los datos patrimoniales en los archivos parisinos y provinciales en fichas de cartón. Eso representaba una cantidad considerable de trabajo, que por desgracia dejaba pocas señales que pudieran ser utilizadas por investigadores posteriores. Esa escuela, llamada «historia serial», ha desaparecido en parte porque la organización y la descripción de la propia recogida de datos le exigían demasiada energía al investigador, a veces en detrimento de la historia que los propios datos encerraban. Evidentemente, en la actualidad es mucho más fácil realizar el trabajo de recopilación, a una escala comparativa mucho mayor y con una lógica directamente acumulativa.

Además, el hecho de integrar de forma explícita el siglo XX en el horizonte de largo plazo por estudiar (algo que no ocurría con la primera oleada de historia serial, centrada en el estudio de los siglos XVIII y XIX) obliga a situar la historia, y en particular la política, en el centro del análisis. Cuando se observa el siglo XVIII o incluso el XIX, uno puede pensar más o menos –equivocadamente, en mi opinión– en ciertas tendencias estructurales al margen de la evolución política. Pero, en el caso del siglo XX, las cosas saltan a la vista al instante, en cuanto se traza una curva de salarios, renta o patrimonio: la Primera Guerra Mundial, la Segunda Guerra Mundial, la Liberación, el Mayo de 1968, etc. Uno se ve obligado de inmediato a hacer historia política si quiere explicar las rupturas que tiene ante los ojos. Permítanme dejar claro desde el principio que me estoy refiriendo aquí a la dimensión constructiva y colectiva de la historia política. Al contrario de lo que algunos afirman, no son las guerras como tales, ni acontecimientos catastróficos como la Gran Peste, los que crean la igualdad. En el caso de la Revolución Francesa, las guerras más bien sofocaron la revolución. En muchos países, la Primera y la Segunda Guerra Mundial tuvieron relativamente poco impacto en materia de igualdad: todo depende del tipo de construcciones sociales y de salidas puestas en marcha en cada caso. Fue más bien la movilización política y sindical la que marcó la diferencia, como en Suecia, donde ambos conflictos mundiales tuvieron escaso impacto. En los Estados Unidos, fue la crisis de los años treinta, y no la Primera Guerra Mundial, lo que resultó determinante en la aplicación de políticas públicas. La verdadera fuerza del cambio, como veremos, ha sido la movilización social y política, así como la capacidad de poner en marcha nuevas soluciones institucionales.

He tenido la suerte de iniciar mis investigaciones en este contexto intelectual, y contar con redes internacionales de investigadores como las que han contribuido a la World Inequality Database. Eso me ha permitido ampliar el enfoque comparado e histórico y constatar tanto la amplísima diversidad de los regímenes desigualitarios como los limitados avances hacia la igualdad a los que me he referido antes. Para dar una idea inicial de la diversidad de regímenes desigualitarios que pueden existir a nivel mundial, empezaré presentando algunos resultados a partir de un criterio muy simple: la distribución de la renta. En un segundo momento me centraré en la distribución de la riqueza. Aclaremos de entrada qué es lo que distingue ambos términos: la renta es lo que se gana a lo largo de un año, puede proceder del trabajo o de la propiedad (alquileres, intereses, dividendos, etc.); la riqueza es lo que se posee (vivienda, bienes profesionales, valores financieros, etc.), y siempre se distribuye de forma mucho más desigual que la renta. La propiedad del capital también determina la estructura de las relaciones de poder: es obviamente cierto en el caso de los bienes afectos a la actividad profesional y los medios de producción, pero también es cierto en el caso de la propiedad de la vivienda en el marco de reproducción de la vida privada y familiar, así como en el caso de la propiedad del Estado y los poderes públicos a través de la deuda, aunque de diferentes maneras.

La desigualdad de renta

Empecemos por la renta. Contamos en este caso con un indicador relativamente sencillo: la proporción de la renta total concentrada por el 10 % de las personas con rentas más elevadas. Por definición, en una sociedad perfectamente igualitaria, esa proporción debería ser igual al 10 % de la renta total, puesto que representan al 10 % de la población. En una sociedad perfectamente desigualitaria, el 10 % más rico acapararía toda la renta y su participación en la renta total debería ser, por tanto, del 100 %. Por supuesto, la realidad está siempre en algún punto intermedio. Como puede verse en el gráfico 1, los niveles de desigualdad más bajos (20 a 30 %) se dan en el norte de Europa y los más altos en Sudáfrica, con una proporción del 70 %. Esto da una primera impresión de la gran dispersión de los niveles de desigualdad en todo el mundo.

Si intentamos, a vista de pájaro, averiguar cuáles son las zonas más igualitarias y desigualitarias del planeta, encontraremos en primer lugar una gran variación, a veces dentro de una misma región: en América Latina, por ejemplo, Argentina será menos desigualitaria que Brasil o Chile, algo que está relacionado con la historia sociopolítica de Argentina y el inicio de la construcción, bajo el peronismo, de un Estado social más consistente en ese país que en sus países vecinos. No obstante,

Gráfico 1. Renta del 10 % más rico en el mundo, 2021

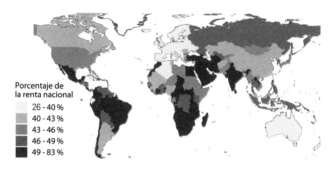

Porcentaje de
la renta nacional
26 - 40 %
40 - 43 %
43 - 46 %
46 - 49 %
49 - 83 %

Interpretación: En Sudáfrica, el 10 % más rico posee el 67 % de la renta nacional: en Francia ese porcentaje es del 32 %. La renta se calcula después de que las personas cobren las pensiones y los subsidios de desempleo, pero antes de que paguen otros impuestos y reciban otras transferencias. **Fuente:** wir2022.wid.world/methodology

Gráfico 2. Renta del 50 % más pobre en el mundo, 2021

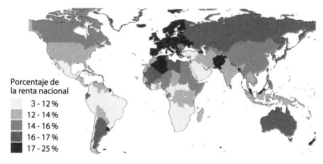

Porcentaje de
la renta nacional
3 - 12 %
12 - 14 %
14 - 16 %
16 - 17 %
17 - 25 %

Interpretación: En Sudáfrica, el 50 % más rico posee el 5 % de la renta nacional: en Francia ese porcentaje es del 23 %. La renta se calcula después de que las personas cobren las pensiones y los subsidios de desempleo, pero antes de que paguen otros impuestos y reciban otras transferencias. **Fuente:** wir2022.wid.world/methodology algunas regiones del mundo se caracterizan, en conjunto, por ser más desigualitarias que otras: Sudáfrica, a causa del legado del *apartheid*, y África austral en general; América Latina también está muy marcada por la desigualdad en la distribución de la riqueza, que tiene su origen en la colonización española y en los regímenes políticos que la siguieron; América del Norte también arrastra la huella de desigualdades raciales específicas. En general, el legado colonial sigue muy presente en la estructura de las desigualdades. También hay zonas, como Oriente Medio, donde la elevada desigualdad no está vinculada a un pasado de desigualdades raciales o coloniales, sino más bien a una realidad moderna, en concreto a las rentas del petróleo que se transforman en rentas financieras, extremadamente concentradas. En el mapa actual de las desigualdades, hay por tanto una mezcla de lo viejo y lo nuevo, con lógicas diferentes que se entrecruzan.

Este indicador es todavía más llamativo visto desde la parte inferior de la distribución de la renta: ¿cuál es la participación del 50 % más pobre en la renta nacional total (gráfico 2)? También en este caso, conviene ser conscientes de los órdenes de magnitud. Si tuviéramos una sociedad perfectamente igualitaria, el 50 % más pobre debería tener el 50 % de la renta total. En cambio, en una sociedad completamente desigualitaria, no tendría nada. En la práctica, la cifra es del 5 o 6 % en los países más desigualitarios (por ejemplo, Sudáfrica), y del 20 o 25 % en los más igualitarios (de nuevo, el norte de Europa). En ningún caso llega al 50 %. Cuando decimos que esta parte de la población recibe el 25 % de la renta total, significa que la renta media del 50 % más pobre es aproximadamente la mitad de la renta media nacional. Hay desigualdad, pero es menor que cuando esa cifra es el 5 % de la renta total, en cuyo caso la renta media de esta parte de la población es la décima parte de la renta nacional media.

De manera general, hay que recordar que la diversidad de situaciones es enorme. Si solo se tiene en cuenta el producto interior bruto (PIB) de un país o su renta nacional media, se pasa por alto completamente la realidad de las condiciones de vida de grupos de población considerables dentro de esa sociedad ya que, para una misma renta media, la parte de la renta total que corresponde al 50 %

más pobre[1] puede variar en una proporción de 1 a 5, dependiendo del patrón de distribución de la renta (del 5 % de la renta total en Sudáfrica al 25 % en Suecia, si se quiere simplificar). Es decir, que cuando se estudia la evolución de la pobreza, se pasan muchas cosas por alto si solo se considera la renta media en su conjunto.

Es imposible explicar la diversidad de situaciones desigualitarias a partir de factores «naturales». Dicha distribución no puede estar basada en las habilidades individuales, los dones o el carácter (sería sorprendente que la distribución del talento individual variara tanto entre países), ni en los recursos naturales de cada país (hay petróleo en Oriente Medio y en Noruega, con distribuciones de la renta totalmente diferentes). Es evidente que las instituciones elegidas por cada sociedad, producto a su vez de diferentes historias sociales, culturales, políticas e ideológicas, dan lugar a variaciones considerables en los niveles de desigualdad.

---

1. En la base de datos wid.world es posible, por supuesto, afinar la búsqueda, percentil a percentil, o al uno por mil. Aquí presento los indicadores más generales.

La desigualdad de riqueza

Lo que hemos visto con la distribución de la renta se aplica igualmente a la distribución de la riqueza, si bien con un matiz que es importante precisar: la distribución de la riqueza, del patrimonio inmobiliario, financiero y profesional, está siempre mucho más concentrada que la distribución de la renta. En lo que concierne a la renta, la parte del 10 % más rico oscila entre el 25 y el 70 % de la renta total, casos de Suecia y Sudáfrica respectivamente. En cuanto a la riqueza, la proporción del 10 % más rico oscila entre el 60 y el 90 % de la riqueza total. A esto se añade que, mientras en el caso de la renta la parte del 50 % más pobre oscila entre el 5 y el 25 % del total, en el caso de la riqueza siempre está por debajo del 5 % (gráfico 3).

En resumen, el 50 % más pobre de la población no posee nada, o casi nada. En Europa, y en particular en Francia, solo poseen el 4 % de la riqueza total. Sin duda, es mejor que en América Latina, donde la cifra es solo del 2 %, pero sigue siendo una proporción muy baja si se tiene en cuenta que nos referimos a la mitad de la población.

Gráfico 3. La concentración extrema de capital: desigualdad de la riqueza por regiones del mundo, 2021

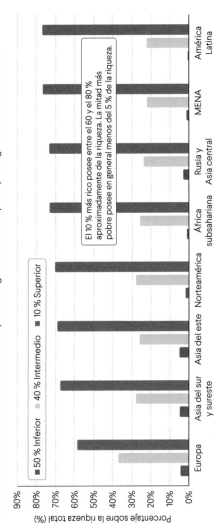

Interpretación. En América Latina, el 10 % más rico posee el 77 % del patrimonio total de los hogares, frente al 1 % en el caso del 50 % más pobre. El patrimonio neto de los hogares es la suma de los activos financieros (por ejemplo, acciones y bonos) y no financieros (por ejemplo, vivienda y terrenos) que poseen los individuos, una vez deducidas sus deudas. **Fuente:** wir2022.wid. world/methodology

Es importante no perder de vista estos datos. Cuando se presenta el panorama global de la desigualdad, en Europa existe a menudo una tendencia –sobre todo en Francia– a extasiarse ante la igualdad reinante en nuestros países. Los datos anteriores permiten ver las cosas con perspectiva: sí, ha habido una evolución histórica hacia la igualdad significativamente más fuerte en Francia y en Europa que en otras partes del mundo; pero, en primer lugar, no se produjo porque sí –esa evolución ha venido acompañada de luchas políticas y sociales considerables– y, en segundo lugar, se refiere sobre todo a la distribución de la renta, que, en efecto, se ha igualado algo en el último siglo. Sin embargo, en lo que se refiere al reparto de la riqueza, las cosas han cambiado muy poco. Hace un siglo, en Francia, al 50 % más pobre de la población le correspondía el 2 % de la riqueza total, como ocurre hoy por hoy en América Latina; ahora es un 4 %, lo que sin duda es un progreso, pero del todo insignificante y que no cambia la realidad de manera general: la propiedad en su conjunto (inmobiliaria, financiera, profesional) está extremadamente concentrada.

Si limitásemos el análisis al capital profesional y a los medios de producción, los datos hablarían de una concentración todavía mayor. El 10 % más rico concentraría el 80 o 90 % del total, o incluso más, mientras que al 50 % inferior no le correspondería casi nada. El sistema social nunca ha dejado de caracterizarse por una concentración extrema del poder económico. La redistribución de la riqueza ha tenido un impacto significativo en la desigualdad existente entre el 10 % más rico y el 40 % siguiente, pero casi no ha afectado al 50 % más pobre de la población.

La desigualdad de género

Como regla general, en la World Inequality Database intentamos desarrollar métodos y fuentes para obtener datos lo más comparables posible entre distintas partes del mundo. Comenzamos la tarea con la desigualdad de rentas, luego con la desigualdad de riqueza y más adelante desarrollamos un indicador bastante simple sobre la desigualdad de género: la parte de las rentas totales del trabajo (salarios e ingresos laborales por cuenta propia) que corresponden a las mujeres. Si hubiera igualdad perfecta, esa proporción debería ser del 50 %.

Sin embargo, en realidad, si observamos las encuestas sobre el tiempo de trabajo, incluyendo por supuesto el trabajo doméstico, las mujeres representan siempre más del 50 % de las horas. Lo ideal sería, por tanto, que su participación en las rentas totales del trabajo fuera superior al 50 %. Pero en la práctica, como puede verse (gráfico 4), aún estamos muy lejos. Aunque haya algunos avances (en Europa, por ejemplo, este indicador ha pasado del 30 al 36 % en las últimas décadas, lo cual sigue dejando a los hombres un 64 % de las rentas totales del trabajo), algunos países están retrocediendo: China, que solía tener cifras ligeramente superiores a las de otros países debido a su herencia comunista, ha tendido a retroceder en las últimas décadas, entre otras cosas por la explosión de los grandes salarios, que están muy masculinizados, tanto en China como en otros lugares.

Este tipo de indicador tiene el mérito de ofrecer una imagen más precisa de la enormidad de las desigualdades entre hombres y mujeres en el ámbito económico, en comparación con otros indicadores que tienden a edulcorar la realidad: con demasiada frecuencia nos contentamos con observar la diferencia sala-

Gráfico 4. Participación de las mujeres en las rentas del trabajo por regiones del mundo, 1990-2020

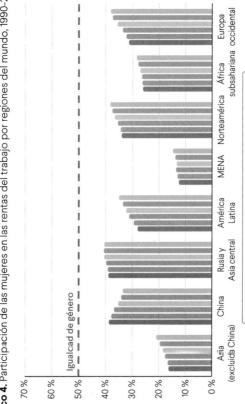

Interpretación. Entre 1990 y 2020, la proporción de las rentas del trabajo percibida por las mujeres en Norteamérica aumentó del 34 al 38 %. **Fuentes:** wir2022.wid.world/methodology y Neef y Robilliard (2021)

rial a igualdad de empleo, cuando la cuestión es precisamente que hombres y mujeres no tienen en absoluto igual acceso a los mismos empleos. Con este indicador, el foco se pone de veras en la participación de las mujeres en la renta total. Por supuesto, intervienen muchos factores: hay desigualdad de remuneración a igualdad de empleo, del orden del 10 al 20 %, pero también hay desigualdad en el tipo de empleo al que se accede, en el trabajo a tiempo parcial involuntario, en la ausencia de mujeres en los empleos mejor remunerados, en la menor promoción profesional de las mujeres, etc.

En Francia, a las mujeres les corresponde actualmente en torno al 35 % de la renta total del trabajo, frente al 65 % de los hombres. Para poner las cosas en perspectiva, dicha proporción era del 20 % en 1970, lo que no era muy diferente de la situación actual de las mujeres en el sur de Asia, la India u Oriente Medio. Era una situación en la que las mujeres estaban casi totalmente excluidas del sistema monetario y del poder adquisitivo. Ha habido una evolución en este sentido, pero no conviene exagerar su extensión. El patriarcado económico está ligado de manera intrínseca al desarrollo del capitalismo, y el proceso de salida de ese sistema no ha hecho más que empezar, aunque de nuevo llaman la atención las enormes diferencias entre países y regiones del mundo, estrechamente ligadas a diferentes procesos sociales, históricos y políticos.

Avances contrastados hacia la igualdad en Europa

Me gustaría volver a la cuestión de la evolución histórica de las desigualdades. Francia es uno de los países en los que disponemos de datos históricos más reconocidos sobre la renta y, más aún, sobre el patrimonio y las propiedades. Esto se debe, en concreto, a que la Revolución Francesa instauró un sistema de registro de las herencias y del patrimonio, gracias al cual es posible disponer de datos inusualmente ricos en los archivos de sucesiones, que se remontan a finales del siglo XVIII (gráficos 5 y 6).

En lo que respecta a los ingresos, se observa en efecto una evolución hacia una mayor igualdad en los dos últimos siglos, y en particular a lo largo del siglo XX. La parte de la renta total en manos del 10 % más rico ha pasado del 50 % al 30 o 35 %, mientras que la parte del 50 %

Gráfico 5. Distribución de la renta en Francia, 1800-2020: ¿el inicio de una evolución de largo plazo hacia la igualdad?

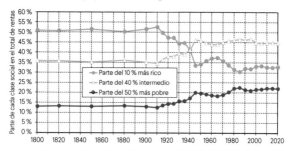

Interpretación. La participación en la renta total del 10 % más rico, incluyendo las rentas del trabajo (salarios, rentas del trabajo autónomo, pensiones, subsidios de desempleo) y las rentas del capital (beneficios, dividendos, intereses, rentas, plusvalías, etc.), se situaba en torno al 50 % en Francia entre 1800 y 1910. La desconcentración de la renta comenzó tras las dos guerras mundiales y benefició tanto a las «clases populares» (el 50 % de las rentas más bajas) como a las «clases medias» (el 40 % siguiente de la distribución), en detrimento de las «clases altas» (el 10 % de las rentas más altas). **Fuente:** piketty.pse.ens.fr/egalite

Gráfico 6. Distribución de la propiedad en Francia, 1780-2020: la difícil eclosión de una clase media patrimonial

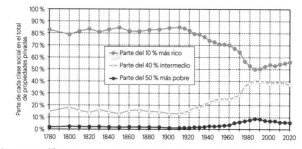

Interpretación. La participación del 10 % más rico en el total de propiedades privadas (bienes inmuebles, activos profesionales y financieros, netos de deudas) se situó entre el 80 y el 90 % en Francia entre 1780 y 1910. La desconcentración de la riqueza comenzó después de la Primera Guerra Mundial y se detuvo a principios de la década de 1980. Benefició principalmente a la «clase media patrimonial» (el siguiente 40 % de la distribución), definida aquí como los grupos intermedios entre las «clases populares» (el 50 % más pobre) y las «clases altas» (el 10 % más rico). **Fuente:** piketty.pse.ens.fr/egalite

Gráfico 7. La persistencia de la hiperconcentración de la propiedad

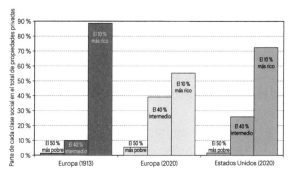

Interpretación. La participación del 10 % más rico en el total de la propiedad privada era del 89 % en Europa (promedio del Reino Unido, Francia y Suecia) en 1913 (frente al 1 % del 50 % más pobre), el 56 % en Europa en 2020 (frente al 6 % del 50 % más pobre), y el 72 % en Estados Unidos en 2020 (frente al 2 % del 50 % más pobre). **Fuente:** piketty.pse.ens.fr/egalite

Gráfico 8. La desigualdad patrimonial extrema: las sociedades propietaristas europeas en la Belle Époque (1880-1914)

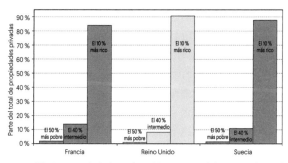

Interpretación. La parte de la riqueza total (activos inmobiliarios, profesionales y financieros, netos de deudas) en manos del 10 % de la población más rica entre 1880 y 1914 fue por término medio el 84 % en Francia (frente al 14 % del siguiente 40 % y el 2 % del 50 % más pobre), el 91 % en el Reino Unido (frente al 8 % y el 1 %, respectivamente) y el 88 % en Suecia (frente al 11 % y el 1 %, respectivamente). **Fuente:** piketty.pse.ens.fr/egalite más pobre ha pasado del 10 o 15 % al 20 o 25 %. Pero conviene relativizar el alcance de esta evolución. Como estamos viendo, la parte del 50 % más pobre sigue siendo muy inferior a la del 10 % más rico, aun cuando el 50 % más pobre es, por definición, cinco veces más numeroso.

El nivel de desigualdad es aún mayor en el caso del patrimonio, y los avances en igualdad mucho más limitados. Aunque se ha producido un descenso significativo de la proporción de riqueza total en manos del 10 % más rico, que ha pasado del 80 o 90 % registrado hasta la Primera Guerra Mundial al 50 o 60 % en la actualidad, ha vuelto a aumentar desde la década de 1980. Es decir, es importante reconocer la disminución a largo plazo, pero sin sobredimensionar su magnitud. Por otra parte, la reducción ha beneficiado principalmente al 40 % siguiente de la distribución, las personas que se encuentran entre el 10 % más rico y el 50 % más pobre. El 50 % más pobre de la población apenas se ha beneficiado de la redistribución de la riqueza en los últimos dos siglos.

En Europa occidental (Alemania, Reino Unido, Francia o Suecia), la evolución es bastante similar: entre 1913 y 2020, la tendencia es hacia una concentración de la riqueza ligeramente menos extrema (gráficos 7 y 8). La diferencia es simple: se trata de la aparición de lo que he llamado la «clase media patrimonial». Ese 40 %, que no es ni el 10 % más rico ni el 50 % más pobre, no tenía casi nada hasta 1913 y, por tanto, era casi tan pobre como el 50 % más pobre. No existía clase media. En la actualidad, ese grupo posee el 40 % de la riqueza total y representa el 40 % de la población: su patrimonio medio ronda los 200.000 euros por adulto. Para esos hogares, la mediana es de 100.000 euros por adulto, pero pueden llegar a tener 200.000, 300.000 o 400.000 euros. Se trata de personas que no son inmensamente ricas pero que distan mucho de ser pobres del todo y a las que por cierto no les gusta que se las trate como tales. La aparición de un grupo social así es un acontecimiento considerable –económico, social, político–, aunque, desde el punto de vista del 50 % más pobre, el acceso a la riqueza siga siendo casi nulo.

Es decir, en Europa la situación se caracteriza por la persistencia de una hiperconcentración de la propiedad y la aparición de una clase media patrimonial. En los Estados Unidos, asistimos a una situación intermedia entre la de la Europa actual y la de la Europa previa a la Primera Guerra Mundial, con una contracción de la clase media patrimonial, que era más o menos la misma que en Europa hace treinta o cuarenta años, y que empieza a reducirse para tender más bien hacia los niveles previos a la Primera Guerra Mundial.

La historia de la desigualdad en los países europeos antes de la Primera Guerra Mundial está llena de enseñanzas. Es un periodo muy rico si se compara con el actual, y ha tenido un gran impacto en mi carrera como investigador. Junto con mis colegas y amigos Gilles Postel-Vinay y Jean-Laurent Rosenthal, hemos mostrado con evidencias que el nivel de concentración de la propiedad en la Francia anterior a 1914 no era muy diferente al del Reino Unido. Es un resultado interesante porque el discurso político de la Tercera República establecía constantes comparaciones con el Reino Unido. Uno de los grandes argumentos de las élites –políticas, financieras, republicanas– de centro consistía en decir: «No nos parecemos en nada al Reino Unido. Somos un país igualitario gracias a la Revolución Francesa, por lo que no necesitamos crear un impuesto progresivo sobre la renta o las herencias. Eso es muy útil para un país monárquico como el Reino Unido, muy desigualitario, o para un país muy autoritario como Prusia, pero nosotros, que hemos inventado tanto la libertad como la igualdad, somos un país de pequeños propietarios y ya hemos distribuido la propiedad de la tierra». Cierto, si no fuera porque, en primer lugar, la propiedad había sido muy poco distribuida y, sobre todo, porque en 1913 la cuestión no era realmente la propiedad de la tierra. Que la tierra estuviera efectivamente más concentrada en el Reino Unido era bastante secundario frente al hecho de que, desde el punto de vista de las carteras financieras o del capital industrial en todo el mundo en aquella época, ser una república en lugar de una monarquía en realidad no cambiaba nada en cuanto a la acumulación y concentración de la riqueza. Francia y el Reino Unido estaban casi a la par. La evidencia me ha permitido, un siglo más tarde, sacar a la luz la hipocresía de gran parte de aquellos discursos, en concreto de los economistas de la época, como Paul Leroy-Baulieu y otros, que insistían mucho en la idea de que Francia era una nación de pequeños propietarios.

Los datos empezaban a utilizarse ya en aquella época, gracias a que el impuesto de sucesiones se había vuelto ligeramente progresivo con la Ley de 1901. Se constata de esta manera que un cambio en el sistema fiscal y jurídico permite producir información y conocimiento que puede ser utilizado más adelante. Por ejemplo, Caillaux pudo afirmar en la Cámara de Diputados,[1] gracias a las estadísticas sobre sucesiones, que Francia no era un país de pequeños propietarios. Los datos también sirvieron para crear el impuesto sobre la renta en 1914, aunque su impacto siguiera siendo débil en comparación con los retos a los que se enfrentaba el país. De hecho, Francia fue casi el último país occidental en introducirlo, en la ley del 15 de julio de 1914, que la mayoría de la Cámara y del Senado aceptó aprobar no para invertir en educación, sino para financiar la guerra contra Alemania. Ese fue el factor clave que acabó por desbloquear la situación, a pesar de que el impuesto progresivo sobre la renta ya existía desde hacía mucho tiempo en países del norte de Europa, Japón, el Reino

1. La Chambre des députés fue un órgano legislativo francés de los siglos XIX y XX, extinguido bajo esa denominación en 1940. *(N. del T.)*

Unido y los Estados Unidos. El retraso de Francia se explica en parte por la complacencia igualitaria tras la Revolución Francesa.

El caso sueco

Me gustaría detenerme en otro caso interesante: el de Suecia, que hoy por hoy pasa por ser un país de lo más igualitario. Esto no era así en absoluto a principios del siglo pasado. Todos los países europeos eran muy desigualitarios y Suecia se encontraba en una posición intermedia entre Francia y el Reino Unido. Sin embargo, en el caso sueco la desigualdad tenía una estructura singular. En Francia y en el Reino Unido, sus respectivos imperios coloniales jugaban un papel esencial: los activos coloniales en el resto del mundo representaban una parte importante de las grandes fortunas. Ese no era el caso de Suecia, donde otros factores relacionados con el sistema político estaban detrás de la elevada desigualdad.

Entre 1865 y 1910, Suecia desarrolló un sistema de sufragio censitario particularmente sofisticado, que mantuvo hasta la Primera Guerra Mundial, lo cual resulta bastante tardío en comparación con otros países que habían ampliado el derecho de voto durante el siglo XIX, entre ellos el Reino Unido: en Suecia, solo podía votar el 20 % más rico de los hombres. El sistema era todavía más restrictivo, porque dentro del 20 % más rico uno podía tener de 1 a 100 votos en función de lo rico que fuera. Cuanto más rico era uno, más votos tenía. Todavía peor: aunque en el caso de las elecciones legislativas había un límite máximo de 100 votos por hombre, ¡no existía límite en las elecciones municipales! Como resultado, en varias docenas de municipios suecos un solo votante tenía más del 50 % de los derechos de voto, lo que le convertía en un dictador con perfecta legitimidad democrática. De hecho, el primer ministro del país casi siempre era algún aristócrata que, en su municipio, tenía más del 50 % de los derechos de voto totales.

Hasta la Primera Guerra Mundial, las empresas y las personas jurídicas tenían derecho a votar en las elecciones municipales en proporción al capital invertido en el municipio y al nivel de sus ingresos. Es algo que, en la actualidad, les encantaría poder hacer a las multinacionales; a veces encuentran otras formas de conseguir el mismo resultado, pero el mero hecho de que no se atrevan a pedirlo es prueba de un cambio significativo.

El hecho de que Suecia haya conocido un sistema político de este tipo hasta la Primera Guerra Mundial es una muestra de la creatividad de las sociedades humanas –de los grupos dominantes, en este caso– para estructurar los derechos de forma que permitan conservar el poder. Pero también ilustra la ausencia de cualquier determinismo nacional o cultural sobre el nivel de desigualdad, ya que el país va a transformarse muy rápido a partir de ese momento.

A principios del siglo XX, Suecia se encuentra atrapada en una contradicción entre un sistema político que sacraliza la propiedad y una clase trabajadora que, por razones históricas, religiosas y de otro tipo, está muy alfabetizada en comparación con otros países europeos. Los sindicatos suecos y el joven partido socialdemócrata parten de una firme convicción: los propietarios han llevado sus ventajas demasiado lejos y va a ser necesario proceder a un reequilibrio. Así, una movilización social extremadamente fuerte va a hacer posible obtener el sufragio universal en 1920; y, más tarde, va a permitir al Partido Socialdemócrata Sueco imponerse en las urnas en 1932, y mantener el poder casi de forma ininterrumpida hasta las décadas de 1990 y 2000.

Desde entonces, las cosas se han complicado y el país es mucho menos vanguardista en el ámbito fiscal, en parte por el rechazo a una verdadera cooperación internacional, y en general en la cuestión de cómo superar el capitalismo. Pero, entre 1930 y 1980, los socialdemócratas pusieron la capacidad del Estado al servicio de un proyecto político radicalmente distinto del anterior. Utilizaron los registros que permitían medir la renta y el patrimonio no para distribuir el derecho de voto en función de la riqueza, sino para poner en marcha una fiscalidad progresiva, con la finalidad de financiar un acceso a la educación y a la sanidad que, sin ser perfecto, contrastaba mucho con el de periodos anteriores. Todo ello supuso un nivel de igualdad superior a lo visto en cualquier otro lugar. Y se hizo en pocas décadas, de forma relativamente pacífica, aunque con una movilización social y política muy fuerte.

El ejemplo es interesante porque demuestra que un país no es desigualitario o igualitario por naturaleza. Depende de quién controle el Estado y con qué fin. He aquí una evolución histórica que elimina cualquier perspectiva determinista sobre la cuestión.

El auge del Estado social: el ejemplo del gasto en educación

En Europa, uno de los factores más importantes para entender la evolución hacia una mayor igualdad observada en el siglo xx ha sido el auge del Estado social. También en este caso, aunque las situaciones nacionales son, por supuesto, diversas, la tendencia es relativamente similar en Europa occidental (Reino Unido, Francia, Alemania, Suecia). Hasta la Primera Guerra Mundial, la recaudación del Estado era inferior al 10 % de la renta nacional, ante todo con el fin de mantener el orden, hacer respetar el derecho a la propiedad, financiar a la policía y al poder judicial y, por último, tener capacidad de proyección exterior en relación con la expansión colonial. Los demás gastos estaban reducidos al mínimo estricto. A partir de 1918, se asiste al inicio de un cambio que conduce a niveles de recaudación tributaria mucho más elevados: en los últimos treinta años se han estabilizado en torno al 45 % de la renta nacional en esos cuatro países europeos (gráfico 9).

Tomemos el ejemplo de la educación, que es sin duda uno de los factores más importantes de reducción de la desigualdad. En un siglo, el gasto público en educación en porcentaje de la renta nacional se ha multiplicado por diez. Antes de la Primera Guerra Mundial, representaba menos del 0,5 % de la renta nacional: el sistema estaba muy estratificado y solo una ínfima minoría podía continuar sus estudios más allá del primer ciclo. La propia enseñanza primaria estaba muy mal dotada en comparación con la secundaria y la superior. Hoy, la media de esos países está en el 6 % de la renta nacional.

El aumento del gasto en educación ha sido un factor de emancipación individual, de equidad, de prosperidad, de reducción de las desigualdades y al mismo tiempo de aumento de la productividad y del nivel de vida. Estamos tan acostumbrados a ello que a veces lo olvidamos: se trata de un cambio considerable que ha desempeñado un papel central en la evolución hacia la igualdad, acotada pero real, que he descrito antes. Sin embargo, para matizar

Gráfico 9. El surgimiento del Estado social en Europa, 1870-2020

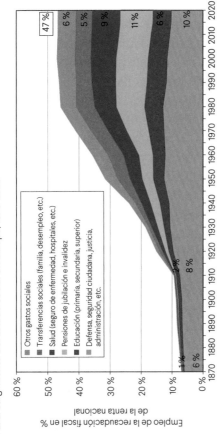

Interpretación. En 2020, los ingresos fiscales representaron el 47 % de la renta nacional por término medio en Europa occidental y se emplearon de la siguiente manera: el 10 % de la renta nacional se destinó a gastos soberanos (defensa, seguridad ciudadana, justicia, administración general, infraestructuras básicas: carreteras, etc.); el 6 % a educación; el 11 % a pensiones; el 9 % a sanidad; el 5 % a transferencias sociales (excluidas las pensiones); el 6 % a otros gastos sociales (vivienda, etc.). Hasta 1914, el gasto público absorbía casi todos los ingresos fiscales. **Nota:** La evolución mostrada aquí es la media de Alemania, Francia, Reino Unido y Suecia. **Fuente:** piketty.pse.ens.fr/egalite esta afirmación, es necesario señalar que el gasto en educación se ha estancado desde las décadas de 1980 y 1990, algo que resulta muy paradójico dado que el acceso a la enseñanza superior no ha hecho lo mismo durante el periodo: de apenas el 20 % de una cohorte de edad en la década de 1980, ha pasado al 60 % en la actualidad. Esto significa, en la práctica, que la inversión por estudiante está disminuyendo. En Francia, la reducción del gasto por estudiante es una constatación en los últimos quince años, sobre todo en las carreras universitarias peor dotadas.

Esta situación –bastante paradójica y que contrasta con la tendencia secular– constituye un problema importante y tiene sus raíces en un sistema de creencias políticas que, desde las décadas de 1980 y 1990, ha creído que el nivel general de gasto público, de recaudación tributaria, en relación con la renta nacional debe estabilizarse por fuerza. En cuanto el gasto en sanidad y pensiones aumenta –no lo suficiente en relación con las necesidades, por cierto, pero sí un poco–, se reducen otros gastos, como ocurre con la tendencia de largo plazo en el caso de la educación. Un aumento del tamaño del Estado social podría resolver estas contradicciones, pero exigiría dar nuevos pasos en el ámbito de la justicia fiscal y de la progresividad, tanto a nivel nacional como internacional.

Por otra parte, aunque es cierto que ha habido una evolución hacia una mayor igualdad en la distribución de la inversión educativa, hay que evitar idealizar las cosas. Veamos la desigualdad de la inversión educativa en Francia (gráfico 10). Estos datos se refieren a la generación que termina ahora sus estudios y que tenía veinte años en 2020. En el gráfico se representa de manera ordenada a todas las personas nacidas en Francia en 2000 según el importe del gasto educativo que les sería imputable desde la guardería hasta la enseñanza superior. En resumen, los que reciben el mayor gasto público en educación –del orden de 250.000 o 300.000 euros per cápita a lo largo de toda su carrera educativa– son los que cursan carreras largas muy bien financiadas, por lo general, las clases preparatorias y las *grandes écoles*.[1] En la parte inferior del gráfico están represen-

---

1. Las *grandes écoles* son centros de excelencia del sistema de educación superior francés, en su mayoría vinculados a ingenierías y disciplinas científicas, a los que se accede a través de un proceso de selección específico, distinto al universitario, que requiere de unas clases preparatorias. *(N. del T.)*

Gráfico 10. La desigualdad de la inversión educativa en Francia

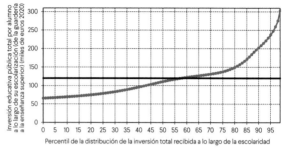

Interpretación. La inversión pública total en educación que la generación de estudiantes que cumple veinte años en 2020 habrá recibido durante toda su escolarización (desde la guardería hasta la enseñanza superior) asciende por término medio a unos 120.000 euros (es decir, unos quince años de escolarización con un coste medio de 8.000 euros al año). Dentro de esa generación, el 10 % de los estudiantes que menos se beneficia de la inversión pública recibe entre 65.000 y 70.000 euros, mientras que el 10 % con mayor inversión pública recibe entre 200.000 y 300.000 euros. **Nota:** El coste medio por itinerario de estudios y por año de escolarización en el sistema francés en el periodo 2015-2020 oscila entre 5.000 y 6.000 euros en preescolar y primaria, entre 8.000 y 10.000 euros en secundaria, entre 9.000 y 10.000 euros en la universidad y de 15.000 a 16.000 euros en las clases preparatorias a las *grandes écoles*». **Fuente:** piketty.pse.ens.fr/egalite

Gráfico 11. Colonias para los colonos: la desigualdad en la inversión educativa en perspectiva histórica

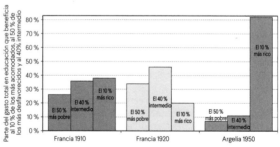

Interpretación. En Argelia, en 1950, el 10 % de la población que se beneficiaba de la mayor inversión en educación primaria, secundaria y superior (en la práctica los hijos de los colonos) recibía el 82 % del gasto total en educación. En comparación, la proporción del gasto total en educación destinada al 10 % con mayor inversión educativa era del 38 % en Francia en 1910 y del 20 % en 2020 (que sigue siendo el doble de su peso en la población). **Fuente:** piketty.pse.ens.fr/egalite tadas las personas que abandonan el sistema escolar a los dieciséis o diecisiete años: solo habrán recibido los gastos relacionados con la enseñanza primaria y secundaria. Por último, las personas situadas en mitad del gráfico habrán cursado estudios universitarios poco dotados, como los grados en humanidades.

Las personas con una peor dotación en educación habrán recibido, por lo tanto, entre 60.000 y 70.000 euros de gasto educativo, mientras que las mejor situadas habrán recibido 250.000 o 300.000 euros, y las personas en situación intermedia unos 100.000 euros. En resumen, en términos de gasto público, hay una brecha de 200.000 euros entre los que reciben menos y los que reciben más. Por desgracia, la tendencia es que estos últimos tengan un origen social más favorecido que los demás. Por tanto, *de facto*, el gasto público refuerza la desigualdad de origen de manera considerable. Esta brecha de 200.000 euros es comparable con la herencia media: es como si las clases más favorecidas recibieran una herencia media adicional, pero esta fuera otorgada por los poderes públicos.

Es decir, que la expansión educativa es una realidad a largo plazo, pero exige hacer dos matices: las desigualdades siguen siendo considerables, y el gasto en educación es mucho menor que en el pasado. Siempre vuelvo sobre esta paradoja: nuestras sociedades siguen siendo muy desigualitarias pero, al mismo tiempo, como resultado de las luchas políticas y de la evolución histórica, han progresado hacia mayores niveles de igualdad. Lo que he mostrado antes sobre la distribución de la renta y la riqueza es válido en el caso de la distribución del gasto en educación (gráfico 11). En la actualidad, en una cohorte de edad, el 10 % que disfruta de más gasto en educación recibe nada menos que el 20 % del gasto total en educación. Sigue siendo una desigualdad enorme, ya que el 50 % que menos recibe se reparte alrededor del 35 % del gasto total en educación. Aunque el gráfico 11 parezca igualitario, en realidad es extraordinariamente desigualitario, ya que aunque el 10 % superior recibe 1,5 veces menos que el 50 % inferior, este último grupo es cinco veces más numeroso: en decir, el gasto per cápita del primer grupo es más de tres veces superior al del 50 % inferior.

Si la situación parece más igualitaria que en 1910 es solo porque el sistema estaba entonces aún más estratificado que ahora. La mayoría de las clases sociales, con excepción de los ambientes más burgueses, abandonaban los estudios tras la educación primaria, mientras que las clases burguesas tenían acceso a la enseñanza superior, donde el salario de los profesores universitarios no tenía nada que ver con el de los maestros de primaria. Las diferencias en la estratificación del sistema educativo eran mucho más pronunciadas que en la actualidad.

En las sociedades coloniales, el grado de estratificación escolar era aún más significativo. Para resumirlo, en el contexto de Argelia en 1950, el 10 % de los alumnos más acomodados eran hijos de colonos y representaban algo más del 10 % de la población; el resto, los «musulmanes argelinos», como se les llamaba entonces, constituían el 90 % de la población. El sistema estaba del todo segregado, como lo estuvo en el sur de los Estados Unidos hasta la década de 1960, con escuelas para blancos y escuelas para negros. En este caso se trataba de escuelas para niños colonos y escuelas para niños argelinos musulmanes. Si estudiamos los presupuestos de la época –me baso aquí en un estudio muy interesante realizado por Denis Cogneau, uno de mis colegas de EHESS,[1] sobre la historia de los presupuestos coloniales–, resulta que el 80 % del presupuesto total de educación se destinaba a los hijos de los colonos, a pesar de que solo representaban el 10 % de la población. Además, ese gasto se financiaba con impuestos que recaían ante todo sobre la población colonizada, ya que los impuestos eran en su mayor parte indirectos. En resumen, el Estado gravaba a toda la población, incluida la población colonizada, para financiar un sistema que beneficiaba principalmente a los hijos de los colonos.

Así pues, tanto si se compara con situaciones coloniales como con la Francia de 1910, el sistema educativo actual es más abierto e igualitario. Pero la evolución de largo plazo hacia la igualdad no se termina aquí. Podrían fijarse objetivos diferenciados para la distribución de la inversión educativa, más allá de los grandes discursos abstractos. La construcción de una norma de justicia social pasa también por la construcción de herramientas que permitan a los ciudadanos deliberar y verificar lo que se

1. Escuela de Estudios Superiores en Ciencias Sociales, por su acrónimo en francés. *(N. del T.)*

hace. En el ámbito de la justicia fiscal, por ejemplo, costó mucho tiempo desarrollar un sistema que, a partir de las nociones de renta, capital, tipos impositivos y tramos, permita en principio comprobar cuál es la norma subyacente de justicia fiscal. En el caso de la educación nacional, disponemos de sistemas multicriterio en los que no se comprueba realmente qué se está haciendo y que, en la práctica, conducen a este tipo de resultados. Podrían mejorarse muchas cosas.

*Hacia una extensión de la igualdad
de derechos*

En lo que me compete, intento desarrollar un enfoque basado ante todo en la igualdad del derecho de acceso a bienes fundamentales como la educación, la sanidad y también la participación política. He mencionado el caso del derecho al voto en Suecia, aunque evidentemente la cuestión no se limita al sufragio universal: en lo que se refiere a la financiación de las campañas políticas, de los medios de comunicación, etc., podríamos idear un sistema mucho más igualitario. También pienso, de manera especial, en todo lo que concierne a la democracia económica, es decir, en la participación igualitaria en la toma de decisiones dentro de las empresas. Me he interesado en el sistema de cogestión o codeterminación existente en Alemania y en los países del norte de Europa, donde hasta el 50 % de los derechos de voto en los consejos de administración está en manos de los representantes de los trabajadores. No es suficiente, dado que los accionistas siempre pueden contar con el 50 % +1 de los votos en caso de empate, pero si un ayuntamiento o entidad local tiene el 10 o el 20 % del capital, la mayoría puede bascular, incluso ante un accionista que posea el 80 o el 90 % del capital privado. Esta transformación, que se produjo durante la posguerra en países como Alemania o Suecia, no es menor; a los accionistas franceses, británicos o estadounidenses no les gustaría en absoluto un sistema de este tipo.

Se podría ir incluso más lejos. Por ejemplo, personalmente defiendo la idea de que, dentro del 50 % de los derechos de voto de los accionistas, la parte de cada accionista individual estuviese limitada a un máximo del 10 %. Un sistema de este tipo sería más igualitario, manteniendo al mismo tiempo, en las empresas muy pequeñas, la posibilidad de que la persona que ha aportado cierto capital a un proyecto que es personal tenga más derechos de voto que la persona que no ha aportado ningún capital y que tal vez se esté preparando para desarrollar su propio proyecto personal.

Asimismo, intento desarrollar este tipo de enfoque en lo que se refiere a la igualdad frente al poder económico. Esto no implica una igualdad absoluta de resultados, dado que las aspiraciones individuales son diversas: las personas desarrollan proyectos diferentes, sin igualdad absoluta, ni en el tipo de profesiones desarrolladas ni en el nivel de ingresos. ¿Qué brecha de ingresos sería razonable, teniendo en cuenta las diferencias en la subjetividad individual, el tipo de actividad y todo lo que puede ser necesario desde el punto de vista de los incentivos en el marco de una organización económica y social? Proporciones de 1 a 3, o de 1 a 5, pueden ser compatibles con esos objetivos. Sin embargo, diferencias de 1 a 50 no están justificadas, como muestra la comparación de diversas experiencias históricas.

Creo que proporciones de la magnitud señalada representan niveles sostenibles de desigualdad, aunque, por supuesto, es algo que corresponde decidir a través de la participación democrática y la deliberación pública. Lo cual hace necesario igualar la capacidad de influencia en la escena política. Estamos muy lejos de eso.

La fiscalidad progresiva

Quisiera concluir insistiendo en dos puntos relacionados con la desigualdad: la cuestión de la fiscalidad progresiva, por un lado, y la cuestión de la destrucción de la naturaleza, por otro.

El tema de la fiscalidad progresiva es crucial. De entrada, es un asunto que viene de antiguo. El cuadro siguiente muestra ejemplos de propuestas debatidas en Francia ya en el siglo XVIII: Graslin era un urbanista y economista de Nantes; Lacoste era un ciudadano más anónimo. Ambos publicaron ensayos, como tantos otros durante el periodo revolucionario, proponiendo en el caso del primero un impuesto progresivo sobre la renta y en el caso del segundo un impuesto progresivo sobre las herencias (lo que Lacoste llamaba «un derecho nacional de herencia»). Ambos sistemas, que no se adoptaron en su momento, son muy similares a los que se aplicarán en el siglo XXI en varios países.

Cuadro 1. Algunas propuestas de progresividad fiscal en Francia en el siglo XVIII

Graslin:* impuesto progresivo sobre la renta		Lacoste:** impuesto progresivo sobre las herencias	
Múltiplo de la renta media	Tipo efectivo de imposición	Múltiplo de la renta media	Tipo efectivo de imposición
0,5	5 %	0,3	6 %
20	15 %	8	14 %
200	50 %	500	40 %
1.300	75 %	1.500	67 %

* *Essai analytique sur la richesse et sur l'impôt*, 1767
** *Du droit national d'hérédité*, 1792

Interpretación. En la propuesta de impuesto sobre la renta progresivo de Graslin de 1767, el tipo impositivo efectivo pasa gradualmente del 5 % para una renta anual de 150 «libras tornesas» (alrededor de la mitad de la renta media por adulto de la época) al 75 % para una renta de 400.000 libras (unas 1.300 veces la renta media). Una progresividad similar se observa en el proyecto de impuesto progresivo sobre las herencias defendido por Lacoste en 1792. **Fuente:** piketty.pse.ens.fr/egalite

Desde el punto de vista de las ideas, parece bastante sencillo: el tipo impositivo parte del 5 o 6 % para las rentas o patrimonios inferiores a la media y sube al 60, 70 u 80 % al alcanzar 100 veces o 1.000 veces dicha media.

A finales de 1792 y principios de 1793, se introdujo en Francia un sistema de gravámenes progresivo, con la finalidad de financiar el gasto militar, pero el experimento se extinguió muy pronto y el sistema fiscal adoptado al final de la Revolución Francesa fue un sistema impositivo del todo proporcional. Otro tanto ocurrió con la tributación sobre las herencias, estrictamente proporcional: durante todo el siglo XIX, las transmisiones de padres a hijos se gravaban con un 0,5 %, tanto si se legaban 1.000 francos como si se trataba de 1 millón. No hubo ningún intento redistributivo.

En 1901, este último impuesto se vuelve progresivo y el tramo superior pasa al 2,5 %. Más tarde se incrementa hasta el 5 o 6 %, en particular para financiar la Ley de pensiones de 1910. No será hasta la Primera Guerra Mundial cuando se observe una evolución drástica hacia una fiscalidad progresiva (gráficos 12 y 13). El tipo máximo del impuesto sobre la renta, el que se aplica al tramo de las rentas más

Gráfico 12. La invención de la progresividad fiscal: el tipo marginal máximo del impuesto sobre la renta, 1900-2020

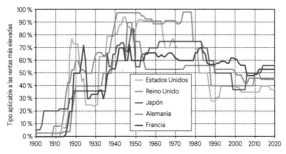

Interpretación. El tipo máximo del impuesto sobre la renta fue del 23 % en promedio en Estados Unidos entre 1900 y 1932, del 81 % entre 1932 y 1980, y del 39 % entre 1980 y 2020. En los mismos periodos, el tipo máximo fue del 30, 89 y 46 % en el Reino Unido, 26, 68 y 53 % en Japón, 18, 58 y 50 % en Alemania, y 23, 60 y 57 % en Francia. La progresividad fiscal alcanzó su punto álgido a mediados de siglo, sobre todo en Estados Unidos y el Reino Unido. **Fuente:** piketty.pse.ens.fr/egalite

Gráfico 13. La invención de la progresividad fiscal: el tipo marginal máximo del impuesto sobre las sucesiones, 1900-2020

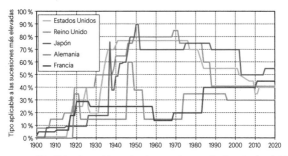

Interpretación. El tipo impositivo sobre las sucesiones más elevadas fue del 12 % en promedio en Estados Unidos entre 1900 y 1932, del 75 % entre 1932 y 1980, y del 50 % entre 1980 y 2020. En los mismos periodos, el tipo máximo fue del 25, 72 y 46 % en el Reino Unido, 9, 64 y 63 % en Japón, 8, 23 y 32 % en Alemania, y 15, 22 y 39 % en Francia. La progresividad fiscal alcanzó su punto álgido a mediados de siglo, sobre todo en Estados Unidos y el Reino Unido. **Fuente:** piketty.pse.ens.fr/egalite altas, era del 0 % hasta 1914, dado que Francia no tuvo impuesto sobre la renta hasta entonces. Durante la Primera Guerra Mundial, las cosas cambiaron muy rápido, sobre todo en los Estados Unidos a finales de la década de 1910. El proceso fue muy complicado y fue necesaria una revisión de la Constitución americana en 1913, pero la demanda social de justicia fiscal era muy fuerte en aquel momento. Una de las obsesiones de los Estados Unidos era evitar convertirse en tan desigualitarios y oligárquicos, plutocráticos, como la vieja Europa. Europa era considerada increíblemente desigualitaria y la idea común, que también compartían economistas más bien conservadores, era que el principal peligro del país consistía en volverse tan desigualitario como Europa, algo que podría acabar por completo con el sistema democrático.

Así pues, a finales del siglo XIX y principios del XX, los Estados Unidos estaban muy preocupados por esa cuestión, de modo que, una vez que el impuesto sobre la renta se hizo realidad gracias a la enmienda constitucional de 1913, fue utilizado con una amplitud impresionante. El fenómeno se inicia a principios de la década de 1920 y se refuerza tras la elección de

Roosevelt en 1932. Entre 1932 y 1980, durante medio siglo, el tipo marginal máximo en los Estados Unidos fue en promedio del 80 %, llegando al 91 % con Roosevelt de presidente. Además, estos tipos correspondían tan solo al impuesto federal sobre la renta, al cual había que añadir los impuestos estatales, que ascendían al 5, 10 o 15 % según los casos.

Eso no solo no provocó la desaparición del capitalismo estadounidense (habríamos tenido tiempo de darnos cuenta en medio siglo), sino que correspondió al periodo de máxima prosperidad del país y a su máximo dominio económico sobre el resto del mundo. ¿Por qué? Pues porque las diferencias de renta de 1 a 50 o de 1 a 100 sirven de poco. No digo que sea deseable la igualdad total: quizá necesitemos diferencias de 1 a 5, de 1 a 10 (en base a los datos de que dispongo, creo que una diferencia de 1 a 5 sería más que suficiente). Pero no hay justificación para una proporción de 1 a 50 o de 1 a 100 cuando se comparan las diferentes sociedades sobre las que se tienen datos. En los Estados Unidos, una fuerte compresión de esos diferenciales mediante una fiscalidad progresiva no ha impedido el crecimiento económico ni la innovación (gráfico 14).

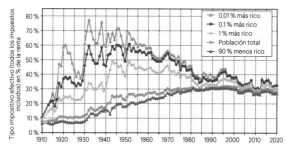

Gráfico 14. Tipos efectivos y progresividad fiscal en Estados Unidos, 1910-2020

Interpretación. Entre 1915 y 1980, el sistema fiscal de Estados Unidos fue muy progresivo, en el sentido de que los tipos impositivos efectivos pagados por las rentas más altas (todos los impuestos combinados, expresado en porcentaje de la renta total antes de impuestos) eran bastante más altos que el tipo impositivo medio efectivo pagado por el conjunto de la población (y en particular por el 90 % de las rentas más bajas). Desde 1980, el sistema fiscal ha sido débilmente progresivo, con diferencias reducidas entre los diferentes tipos impositivos efectivos. **Fuente:** piketty.pse.ens.fr/egalite

El verdadero motor de la prosperidad es la educación. Hasta mediados del siglo XX, los Estados Unidos tenían una considerable ventaja educativa sobre el resto del mundo occidental. En la década de 1950, en los Estados Unidos, el 90 % de una cohorte de edad estaba escolarizado en la educación secundaria, frente al 20 % en Alemania, Francia o Japón. En estos últimos países, no fue hasta las décadas de 1980 y 1990 cuando se logró un acceso casi universal a la enseñanza secundaria. El liderazgo estadounidense en términos de productividad, sobre todo en el sector industrial, se debe a esa ventaja educativa.

En la década de 1980, con la llegada al poder de Ronald Reagan, el país cambia de régimen. Reagan aprovecha la derrota en Vietnam, el fracaso de Carter en Irán, etc., para darle la vuelta a la política rooseveltiana. Considera que el país ha ido demasiado lejos, que se ha hecho casi comunista, y que es necesario reactivar al empresariado americano bajando los tipos marginales máximos, que descienden al 28 %. La reforma fiscal de 1986 es la definición misma del reaganismo. Nunca más se ha vuelto a los niveles anteriores.

Se suponía que esa transformación fiscal sería dinámica en términos de crecimiento: en la práctica, el crecimiento estadounidense se redujo a la mitad entre las décadas de 1950 a 1990 y los años 1990 a 2020. Está claro que no funcionó, a pesar de lo cual en la actualidad seguimos en esa fase político-ideológica (por supuesto, el sistema de financiación de los partidos políticos y los medios de comunicación no es ajeno a todo ello).

La historia de la fiscalidad progresiva en el siglo XX es, por tanto, muy rica. La progresividad desempeñó un papel importante en el periodo de 1914 a 1980 para hacer aceptable el aumento general de la presión fiscal. No era posible financiar el Estado social gravando solo al 1 % más rico. Pero para que el resto de la población aceptara que una parte creciente de la riqueza se colectivizara para financiar así la educación y la sanidad, las clases medias y trabajadoras debían tener la certeza de que los más ricos pagaban al menos lo mismo que ellos. Desde este punto de vista, el auge de la fiscalidad progresiva fue un factor decisivo en la construcción del Estado social, al constituir un contrato fiscal que hacía aceptable este gravamen creciente.

Hoy por hoy, en cambio, la misma cuestión plantea muchos problemas. Las clases medias y las clases trabajadoras pueden tener la impresión (y no es solo una impresión) de que los más ricos escapan en gran medida a los impuestos ya que, a pesar de los tipos impositivos teóricos, existen numerosas lagunas y esquemas de optimización fiscal.

Una evolución similar se observa en el impuesto de sucesiones (gráfico 13). Llama la atención lo alto que subieron los tipos máximos en los Estados Unidos, el Reino Unido y

Japón a mediados del siglo XX, en contraste con Francia o Alemania, por ejemplo (en parte porque en ambos países la redistribución de la riqueza se logró mediante la guerra, la destrucción y la inflación). Es muy interesante observar que el único periodo en el que Alemania tuvo un tipo elevado del impuesto de sucesiones (y también del impuesto sobre la renta) fue entre 1945 y 1948, cuando alcanzó el 90 %. Corresponde a la época en que la política fiscal de Alemania estaba fijada por los estadounidenses: era el Allied Control Council el que fijaba los tipos impositivos en Alemania. Los Estados Unidos no imponían esos tipos para castigar a las élites alemanas, ya que ellos estaban haciendo lo mismo en su país. Según la visión estadounidense de la época, formaba parte del «paquete civilizatorio»: se introdujeron instituciones democráticas, junto con instituciones fiscales, para evitar que la democracia se convirtiera en una plutocracia. ¡Qué exótico suena todo esto hoy en día! Sin embargo, no está tan lejos. Es importante revisitar la historia para hacerse una idea de los cambios que pueden producirse en estos temas.

Queda un último punto importante en la reducción histórica de la desigualdad durante el siglo XX que me gustaría subrayar ahora: la disminución de los activos internacionales, y en particular de los activos coloniales (gráfico 15). El fenómeno concierne en particular al Reino Unido y a Francia: hasta 1913, ambos países se encontraban en una fase considerable de acumulación de activos frente al resto del mundo. Dichos activos tenían la forma de acciones en el canal de Suez, en los ferrocarriles de Rusia o Argentina, de las deudas públicas que habían sido impuestas a Haití, Marruecos, China o el Imperio otomano y que constituían verdaderos tributos militares. En total, esos activos equivalían a más de un año de renta nacional en el caso de Francia, casi dos años en el caso del Reino Unido, y aportaban anualmente (en forma de intereses, dividendos o alquileres) el 5 % de la renta nacional de Francia y casi el 10 % del Reino Unido. En el caso de Francia, esas rentas representaban el equivalente de la producción industrial de todo el noreste del país y permitían financiar un déficit comercial estructural. Entre 1880 y 1914, el déficit comercial francés era del 2 o el 3 %, mientras que la renta nacional procedente del resto del mundo era de entre el 5 y el 10 %. Esto no solo permitía financiar el déficit comercial, sino seguir com-

Gráfico 15. Los activos en el extranjero en perspectiva histórica: el cénit colonial franco-británico

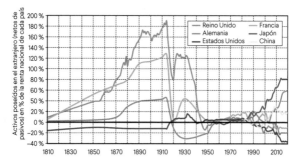

Interpretación. Los activos extranjeros netos, es decir, la diferencia entre los activos poseídos en el extranjero por propietarios residentes en el país (incluido el gobierno) y los activos poseídos en cada país por propietarios del resto del mundo, ascendían en 1914 al 191 % de la renta nacional en el Reino Unido y al 125 % en Francia. En 2020, los activos netos en el extranjero equivalen al 82 % de la renta nacional en Japón, el 61 % en Alemania y el 19 % en China. **Fuente:** piketty.pse.ens.fr/egalite

prando activos del resto del mundo. Es el equivalente a una situación en la que uno paga un alquiler a su casero y él compra el resto del edificio con ese alquiler.

Era un contexto de gran violencia, que solo podía mantenerse en el marco de la dominación colonial y militar. Con la Primera Guerra Mundial, ese sistema se derrumba. Por una parte, a causa de la nueva situación internacional: expropiaciones, repudio de la deuda rusa por parte de los bolcheviques tras su asalto al poder, nacionalización del canal de Suez, etc. Pero también, por otra parte, debido al coste de la guerra: los grandes propietarios franceses o británicos se vieron obligados a vender gran parte de sus activos en el exterior para poder prestar al Estado con el fin de financiar la guerra, la cual a su vez destruyó su capital industrial. Se trata de un proceso de autodestrucción bastante absurdo, que constituye el núcleo de la historia europea entre 1914 y 1945.

¿Qué hacer con la deuda?

Desde el punto de vista de la propiedad, los activos coloniales y extranjeros anteriores a 1914 se transformaron en deuda pública treinta años después, en 1945. La deuda alcanzó ratios del 200 o 300 % de la renta nacional, superiores a la de Grecia en la actualidad (con la diferencia de que entonces se trataba de Alemania, Francia o el Reino Unido, economías de un tamaño mucho mayor). Una lección que podemos extraer de ese episodio es que las deudas se liquidaron muy rápido, y nunca fueron reembolsadas. La deuda se eliminó de varias maneras: sobre todo, mediante cancelaciones directas y a través de la inflación, que no es precisamente la mejor forma, siendo Alemania y Japón los casos más interesantes en este sentido (gráfico 16).

Alemania vivió un periodo de inflación muy alta en la década de 1920 que le permitió deshacerse de la deuda pública nacida de la Primera Guerra Mundial. Esa inflación, sin embargo, destruyó la sociedad y contribuyó al ascenso del nazismo. Tras la Segunda Guerra Mundial, el gobierno alemán ideó una solución para deshacerse de la deuda pública sin recurrir a la inflación: una reforma monetaria que dividía por 100 el valor de las deudas en curso, junto con un sistema de gravámenes excepcionales a las grandes fortunas para compensar a los pequeños y medianos propietarios por las pérdidas sufridas, con un tipo que llegaba hasta el 50 % del stock de patrimonio en el caso de las fortunas más elevadas. Estas medidas se adoptaron en 1952 y fueron de aplicación hasta la década de 1980.

Todo esto suena muy lejano cuando uno escucha la actual retórica alemana sobre la necesidad de que Grecia pague su deuda hasta el último euro... A menudo es así: los actores dominantes de la historia tienen poca memoria,

Gráfico 16. La deuda pública: entre acumulaciones y anulaciones

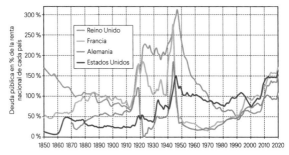

Interpretación. La deuda pública aumentó fuertemente tras las dos guerras mundiales, alcanzando entre el 150 y el 300 % de la renta nacional en 1945-1950, para luego descender de manera brusca en Alemania y Francia (cancelaciones de deuda, impuestos excepcionales sobre la riqueza privada, alta inflación), y de modo más gradual en el Reino Unido y Estados Unidos. El endeudamiento volvió a aumentar mucho tras las crisis financiera y epidémica de 2008 y 2020. **Nota:** No se tiene en cuenta aquí la deuda alemana resultante del Tratado de Versalles (1919), que ascendía a más del 300 % de la renta nacional de la época, cuyo reembolso nunca tuvo lugar realmente. **Fuente:** piketty.pse.ens.fr/egalite

sobre todo cuando les conviene. Pero creo que debemos luchar contra esa amnesia histórica. Es esencial comprender que, a lo largo de la historia, los problemas de deuda pública se han resuelto de diferentes maneras, que no existe un único método correcto. Podríamos remontarnos incluso a la Revolución Francesa y la «bancarrota de los dos tercios».

Un nivel de deuda pública como el que conocemos en la actualidad, después del Covid, no es inédito y se ha dado muchas veces antes, sobre todo en la historia europea. La primera buena noticia es que siempre nos las hemos arreglado. La segunda buena noticia es que existe toda una diversidad de soluciones con distribuciones muy diferente del ajuste y de los costes según cada caso. Detrás de esas cifras, hay un conflicto social, un conflicto político: no estamos en deuda con el planeta Marte, se trata de una deuda interna que hay que tratar en el ámbito político. La perspectiva histórica nos permite abrir el abanico de posibilidades y darnos cuenta de que las situaciones son menos cerradas de lo que a veces se pretende.

Asimismo, me gustaría insistir en que el desarrollo del Estado social no es tan solo una operación de redistribución monetaria: es también, y sobre todo, un paso hacia la desmercantilización. El auge de sectores como la educación, la sanidad, las pensiones, la vivienda o las infraestructuras pone de manifiesto que es muy posible organizar cambios en la economía más allá del mercado y de la lógica capitalista. Parece trivial, pero un sector como la sanidad representa el 10 % de la renta nacional. Es mucho más, por ejemplo, de lo que pesa la industria automovilística, y se trata de un sector que, en la mayoría de los países, se estructura sobre todo a partir de financiación pública. Además del Estado, la sanidad agrupa a una gran variedad de actores con y sin ánimo de lucro, asociaciones, etc. Puede que no sea el mejor sistema posible, pero una comparación entre el sistema estadounidense –basado sobre todo en estructuras con ánimo de lucro– y el europeo no favorece al primero. Como es bien sabido, el sistema estadounidense es mucho más caro y sus resultados en términos de salud pública son catastróficos en comparación con el europeo.

Está en curso el desarrollo de un sistema de financiación y de organización públicas con criterios de gestión que no son necesariamente la búsqueda del beneficio. Ocurre también en el caso de la educación, por ejemplo. En Chile, el régimen de Pinochet intentó por todos los medios instaurar un sector educativo con ánimo de lucro, pero fue un absoluto fracaso. En el mismo sentido, existen sociedades anónimas, como fue la Trump University en Estados Unidos, que tampoco funcionan. Las instituciones educativas privadas estadounidenses no obtienen beneficios ni los distribuyen. Eso no significa que sean perfectas: hay un acaparamiento de poder por parte de algunos donantes que lo hacen a cambio de matricular a sus hijos en dichas instituciones, lo cual es muy lamentable. Sin embargo, incluso cuando se financia con sumas consecuentes de dinero a Stanford o Harvard, eso no le da a uno el 50 % de los derechos de voto hasta el fin de los tiempos. Las relaciones de poder son un poco diferentes a las de las sociedades anónimas. Nadie querría, ni en la educación ni en la sanidad, regresar o desarrollar un sistema puramente lucrativo. ¿Por qué? Porque nos hemos dado cuenta, colectiva e históricamente, de que la búsqueda del beneficio puede, en muchos sectores, destruir los incentivos intrínsecos que hacen que la gente enseñe, que cure o cuide a los demás, etc.

Esta lección no vale solo para la educación y la sanidad, sino también para la cultura y los medios de comunicación, sectores en los cuales la búsqueda de beneficios y el accionariado privado plantean muchos problemas. Por eso hace tiempo que se vienen desarrollando diferentes estructuras sin ánimo de lucro –fundaciones, asociaciones– como en *Ouest France*, *The Guardian*, etc. Nada es perfecto en esas experiencias, pero hace tiempo que se piensa en ello, en ámbitos tan variados como el transporte, la distribución de energía, los sistemas de gerencia local, el agua, etc.

A largo plazo, creo que habría que dar continuidad a este proceso de desmercantilización, extendiéndolo a sectores cada vez más importantes, que podrían representar la casi totalidad de la actividad económica de un país, de manera descentralizada, con la participación de actores asociativos y comunales, a partir de una financiación colectiva basada en la fiscalidad progresiva sobre la renta y el patrimonio, así como de un mejor reparto del poder en las empresas y en la economía. Queda mucho por idear, lo importante es que no se trata solo de una redistribución monetaria, como he dicho antes. Va mucho más allá. No hay vuelta atrás en la evolución hacia la desmercantilización de partes enteras de la economía.

Naturaleza y desigualdad

Me gustaría concluir este texto abordando el vínculo entre naturaleza, cultura y desigualdad, en lo que se refiere a la destrucción del medio ambiente, del capital natural. Mencionaré en este contexto algunos datos relativos al calentamiento global y a las emisiones de carbono, aunque podrían citarse datos referidos a otras dimensiones del daño infligido a la naturaleza que serían asimismo interesantes. Lo importante, y esto es lo que me gustaría destacar, es que la desigualdad y los retos climáticos y medioambientales son cuestiones que están muy vinculadas.

No es posible concebir una solución creíble al reto que supone el calentamiento global sin una reducción drástica de las desigualdades y si no se abre una nueva etapa en la evolución hacia una mayor igualdad. En primer lugar, por la enorme diferencia Norte-Sur entre los países emisores y, en segundo lugar, por la desigualdad de emisiones dentro de cada país.

Sobre la desigualdad a escala internacional, el gráfico adjunto (gráfico 17) procede de una investigación realizada junto con Lucas Chancel, miembro de nuestro laboratorio sobre las desigualdades mundiales.

La distribución de las emisiones totales de carbono, en bruto, se muestra en morado: vemos que Norteamérica, Europa y China se sitúan en niveles comparables. La cuestión es que las emisiones en bruto corresponden a

Gráfico 17. Distribución mundial de las emisiones de carbono 2010-2018

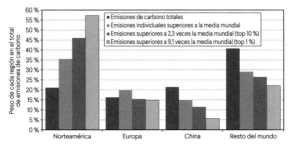

Interpretación. El peso de Norteamérica (Estados Unidos y Canadá) en las emisiones totales de carbono (directas e indirectas) es del 21 % de media en el periodo 2010 a 2018; aumenta al 36 % de las emisiones individuales que superan la media mundial (6,2 t de CO_2 al año), al 46 % de las emisiones que superan 2,3 veces la media mundial (el 10 % de las emisiones individuales más altas, responsables del 45 % de las emisiones totales, frente al 13 % del 50 % de los menos emisores), y al 57 % de las emisiones que superan 9,1 veces la media (el 1 % de las emisiones individuales más altas, responsables del 14 % de las emisiones). **Fuente:** piketty.pse.ens.fr/egalite

poblaciones muy diferentes, y a una distribución de las emisiones per cápita muy distinta. Además, conviene subrayar que estos datos están corregidos en función de las emisiones incorporadas en los productos importados por cada país: a menudo nos contentamos con analizar las emisiones en el interior de cada país, olvidando las que se subcontratan a otros países y que luego se consumen al importar dichos bienes en cuestión. Cuando se tiene en cuenta esta última dimensión, el gráfico ofrece una visión algo más equilibrada de la situación.

En todo caso, lo más importante son los otros colores. Las barras verdes, por ejemplo, no representan la distribución de las emisiones totales, sino la de los grandes emisores, es decir, las emisiones individuales que superan más de nueve veces la media mundial. Dicha media, para una población de 7.000 millones de personas, asciende a unas 6 toneladas de carbono por año. Las barras verdes corresponden, por tanto, a más de 54 toneladas por persona. Eso es lo que emite el top 1 % de los emisores individuales en todo el mundo. Las emisiones de ese 1 % son superiores a las emisiones conjuntas del 50 % inferior de la distribución. Más del 55 % de ese tipo de emisores están en Norteamérica, seguida de Europa y China.

La distribución mundial de la responsabilidad por las emisiones de carbono es, por tanto, completamente asimétrica. Cabe imaginar que cuando las catástrofes climáticas sean más importantes de lo que ya son en la actualidad, determinados países pidan cuentas a otros y, llegado el caso, revisen su régimen comercial con ellos. No sé qué grado de catástrofe haría falta

Gráfico 18. Emisiones por habitante y regiones del mundo, 2019

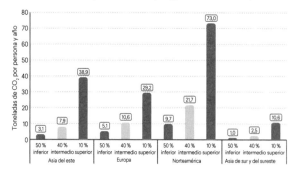

Interpretación. La huella de carbono individual incluye las emisiones procedentes del consumo interno, la inversión pública y privada y las importaciones netas de bienes y servicios del resto del mundo. Estimaciones modelizadas a partir de una combinación sistemática de datos fiscales, encuestas de hogares y tablas input-output. Las emisiones se dividen a partes iguales entre los miembros del hogar. **Fuentes:** wir2022.wid.world/methodology y Chancel (2021)

para que se llegue a ese extremo, pero lo cierto es que la situación actual es muy asimétrica.

El segundo punto se refiere a la desigualdad dentro de cada país. En el gráfico 18, extraído del *Informe sobre la desigualdad global 2022*, se representa la distribución de las emisiones de carbono en toneladas per cápita de manera similar a como hemos visto en el caso de la renta y de la riqueza, comparando el 50 % inferior (los que menos carbono emiten) con el 10 % superior y el 40 % intermedio. En Europa, el 50 % inferior de los emisores de carbono

–que vienen a corresponder con el 50 % más pobre de la población– se sitúa en torno a las 5 toneladas (4 o 4,5 toneladas en el caso de Francia). Para tener un nivel sostenible de emisiones de carbono, habría que reducirlas a 2 o 3 toneladas. Este grupo está casi en línea con los objetivos oficiales para 2030 y 2040. En cambio, el 10 % más rico está en 29 toneladas, 30 toneladas, 35 toneladas por persona. Y si tomamos el 1 % superior, subimos a 60 o 70 toneladas en Europa. En Estados Unidos, el 10 % más rico ya supera las 70 toneladas.

Una política de reducción de emisiones que se dirija a toda la población en la misma proporción se topará inevitablemente con problemas. A todas luces, será muy difícil convencer a quienes emiten 4 o 5 toneladas de que deben reducir sus emisiones en la misma proporción que las personas que están en 30 o 70 toneladas. ¿Cómo es posible pensar que las estrategias encaminadas a aumentar el precio de la energía (o a permitir que aumente) en la misma proporción para todos van a suscitar apoyo? Es un tipo de política que solo conducirá en los años y décadas venideras a revueltas fiscales del estilo de los chalecos amarillos. Tanto más cuanto que, a menudo, ese tipo de soluciones dejan al margen las restricciones al consumo energético de los más ricos (por ejemplo, el combustible de los aviones).

Así pues, es difícil ver cómo hacer frente a estos retos si no es exigiendo reducciones proporcionales mucho mayores a quienes más carbono emiten. Para ello sería necesario poner en marcha un verdadero sistema con herramientas progresivas del tipo «tarjeta-carbono» individual. Eso pasa también, necesariamente, por una reducción drástica de las brechas de ingresos y de riqueza.

Conclusión

Incluso trabajando con datos históricos, me resulta difícil predecir cómo evolucionará la situación y qué nos puede deparar el futuro. Sin embargo, aventuraré dos hipótesis.

En primer lugar, en cuanto se dejen sentir las consecuencias del cambio climático de manera concreta en la vida de las personas, es posible que las actitudes hacia el sistema económico cambien muy rápido, tanto en Europa como en el resto del mundo.

Por otro lado, espero haberles convencido de que la historia de las desigualdades no sigue el curso de un río ancho y tranquilo. Se han librado, se pueden librar y se han ganado muchas batallas por la igualdad. Existe una evolución en el largo plazo, acotada pero real, hacia ella. Las cuestiones de economía, finanzas, deuda pública, distribución de la riqueza, etc., son demasiado importantes como para dejarlas en manos de un pequeño grupo de economistas y expertos, a menudo muy conservadores. En lugar de abrirse a una perspectiva histórica y comparada, miran con demasiada frecuencia a través de la lente estrecha de las soluciones únicas. Necesitamos que otros científicos sociales –historiadores, sociólogos, politólogos, antropólogos, etnólogos– asuman estas cuestiones, incluyendo sus dimensiones técnicas, y tomen posición. No debemos abandonar estas cuestiones a los demás. La democratización del conocimiento económico e histórico puede, debe y tiene que ser una parte importante de una evolución hacia la democratización de la sociedad en su conjunto y hacia una mejor distribución del poder.

Muchas gracias por su atención.

Referencias

Chancel, Lucas; Thomas Piketty; Emmanuel Saez; Gabriel Zucman *et al.* (coord.), *Rapport sur les inégalités mondiales 2022*, París, Éditions du Seuil/World Inequality Lab.

Piketty, Thomas, *Une brève histoire de l'égalité*, París, Éditions du Seuil, 2021. [Trad. esp.: *Una breve historia de la igualdad*, Barcelona, Deusto, 2021.]

—, *Capital et idéologie*, París, Éditions du Seuil, 2019. [Trad. esp.: *Capital e ideología*, Barcelona, Deusto, 2019.]

World Inequality Database: https://wid.world/

Presentación que acompaña a la presente conferencia: http://piketty.pse.ens.fr/files/Piketty2022SE.pdf

Créditos

Los gráficos reproducidos en este texto proceden de los dos libros siguientes:

Une brève histoire de l'égalité, Thomas Piketty, © Éditions du Seuil, 2021, en el caso de los gráficos 5 a 17 y el cuadro 1.

Rapport sur les inégalités mondiales 2022, Lucas Chancel, Thomas Piketty, Emmanuel Saez y Gabriel Zucman, © Éditions du Seuil, 2022, en el caso de los gráficos 1 a 4, y 18.

Lista de gráficos
y cuadros

Índice

Nuevos cuadernos Anagrama

Impreso en Talleres Gráficos
LIBERDÚPLEX, S. L. U.,
ctra. BV 2249, km 7,4 - Polígono Torrentfondo
08791 Sant Llorenç d'Hortons